Le grand livre
DES RÉGIONS

L'Alsace

Textes de Violaine Troffigué
Illustrations d'Annette Marnat

Père Castor ■ Flammarion

Merci à l'OLCA, l'Office pour la Langue et la Culture d'Alsace, pour sa relecture du lexique.
Merci à Hélène Chaulieu pour son travail.

V. T.

Présentation

Chanson

Langue

Recettes

Conte

Grands personnages

Visites

Lexique/Adresses

Faune et flore

Index

www.editions.flammarion.com

Éditions Flammarion – 87, quai Panhard-et-Levassor – 75647 Paris Cedex 13
ISBN : 978-2-0813-4435-8 – N° d'édition : L.01EJDN001108.N001
Conception graphique : Flammarion et Marie Pécastaing
Dépôt légal : septembre 2015
Imprimé en France par Pollina S.A. - juillet 2015 - L73081
Loi n° 49-956 du 16 juillet 1949 sur les publications destinées à la jeunesse

Sommaire

* Les mots ou expressions suivis d'un astérisque sont expliqués dans le lexique.

En route pour l'Alsace

Dans le nord-est de la France, à la frontière de l'Allemagne et de la Suisse, s'étend l'Alsace. Là, entre les sommets des Vosges et la ligne du Rhin, la plus petite des régions françaises (qui est aussi la plus densément peuplée) offre des paysages variés où se nichent de jolis villages et des villes rayonnantes. Son architecture typique, la richesse de sa culture ou encore sa gastronomie en font une région incontournable du cœur de l'Europe.

Carte d'identité

Superficie : 8 280 km^2
Population : un peu plus d'1,8 million d'habitants
Nom alsacien : *Elsàss*
Nom des habitants : les Alsaciens
Capitale régionale : Strasbourg
Principales villes : Colmar, Mulhouse, Haguenau, Sélestat, Saverne, Obernai.

La région Alsace

L'Alsace compte seulement deux départements : le Bas-Rhin (67), au nord, et le Haut-Rhin (68), au sud. Les départements suivent l'écoulement du Rhin, qui prend sa source dans le sud de la région avant de se jeter dans la mer : du sud vers le nord, du haut vers le bas…
L'Alsace pourrait à l'avenir s'intégrer dans une région plus vaste où elle serait réunie à la Lorraine et à la Champagne-Ardenne.

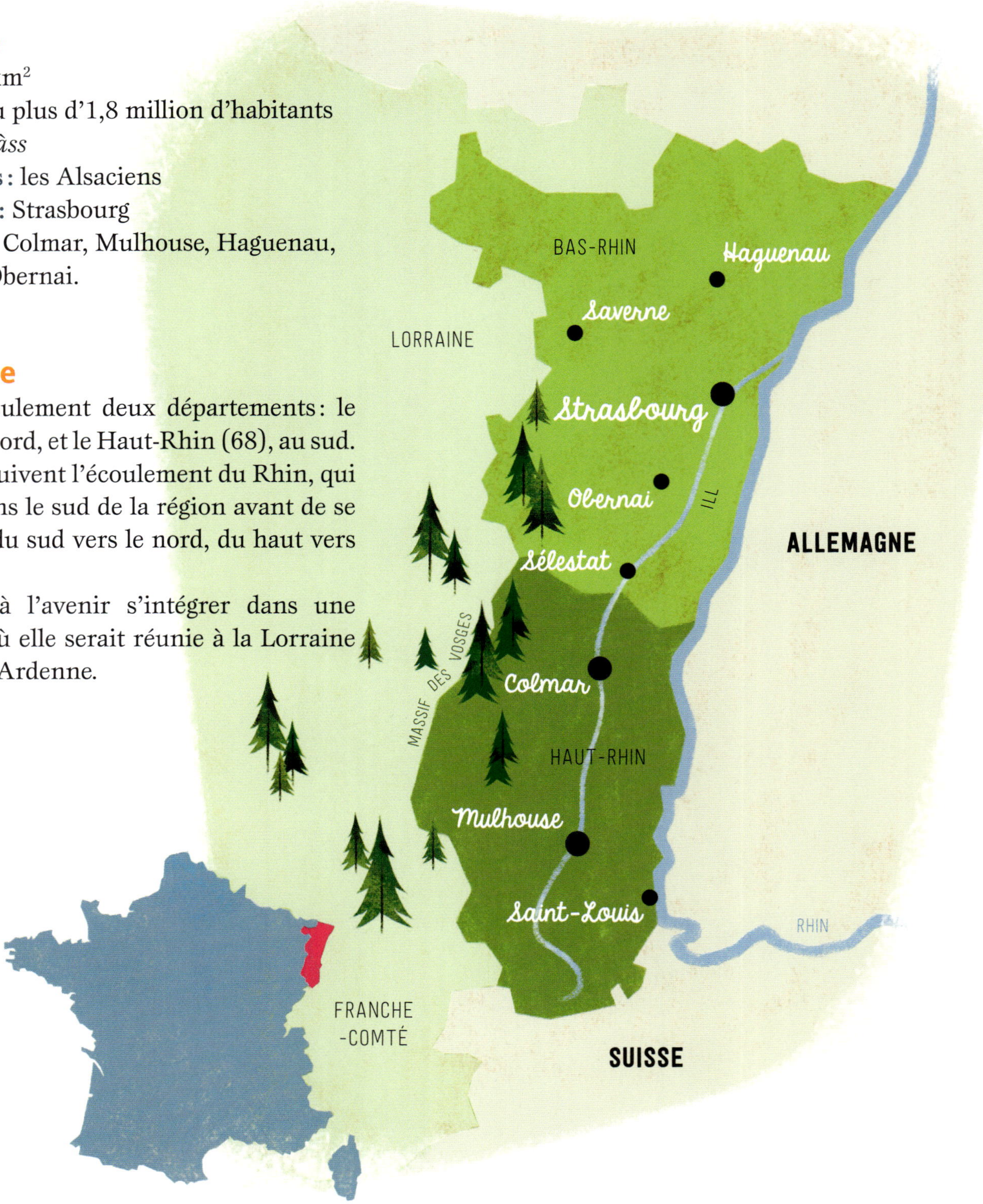

Drapeau…

L'Alsace possède son drapeau, le *Rot un Wiss*, « rouge et blanc ». À côté de ce drapeau historique coexiste un drapeau administratif qui se base sur le blason de la région. Sur un fond rouge, une bande blanche représente les comtes de Werd, qui régnaient autrefois sur le nord de la région, tandis que des couronnes jaunes évoquent les Habsbourg, famille alsacienne à l'origine de l'Empire autrichien.

…et symboles

Perchée sur les faîtages des bâtiments, la cigogne est l'oiseau emblématique de l'Alsace. Autre symbole, les maisons à colombages donnent un cachet typique à l'architecture alsacienne.

Le SAIS-TU ?

C'est à Strasbourg que Rouget de Lisle composa, en 1792, le *Chant de guerre pour l'armée du Rhin*, qui deviendra cent ans plus tard l'hymne national de la France, *La Marseillaise*. Quant à Marianne, symbole républicain, son prénom serait inspiré de celui d'une jeune fille alsacienne.

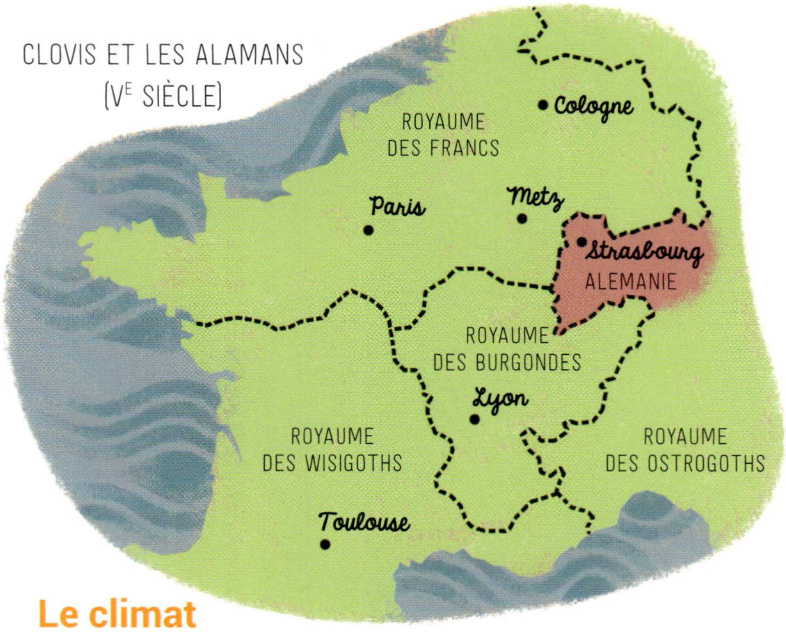

Un peu d'histoire

En 58 avant J.-C., la région devient gallo-romaine. Au Ve siècle, les Alamans envahissent l'Alsace, qui prendra d'ailleurs ce nom au VIIe siècle. À partir du Xe siècle, elle est un centre important du Saint-Empire romain germanique. C'est le traité de Westphalie qui la rattachera finalement au royaume de France, en 1648. De 1870 à 1945, l'Alsace devient un enjeu fort des nationalismes* allemand et français. Les deux guerres mondiales appartiennent aux heures les plus tragiques de son histoire. Mais depuis les années 1950, la région connaît enfin la paix et joue un grand rôle au sein de l'Europe.

Le climat

Des Vosges au Rhin, le climat alsacien est continental : les hivers y sont froids et secs, et les étés peuvent être très chauds et orageux. Colmar, qui bénéficie d'un microclimat, est même la deuxième ville la plus sèche de France, tandis qu'il neige sur le massif vosgien en hiver. Ce dernier protège la région de la pluie et du vent : c'est l'effet de foehn*.

Quelques mots d'alsacien

L'alsacien, aussi appelé *Elsassisch* ou *Elsässerditsch*, est une langue régionale. Il relève de parlers qui se sont implantés dans la région aux IVᵉ et Vᵉ siècles. À cette époque, les Alamans et les Francs, des peuples venus du nord, s'installent dans la région et entraînent progressivement la disparition de la langue gallo-romaine. Ils parlent l'« alémanique » et le « francique ». Ce sont les seules langues en usage durant le Moyen Âge.

le SAIS-TU ?

L'orthographe adoptée n'est pas l'unique graphie possible. Il existe différents parlers alsaciens. Certains disent qu'il existe autant de dialectes* que de villes et de villages !

Formules courantes

buschur : **bonjour**
salü : **salut**
wìllkùmme : **bienvenue**
Wie geht's ? : **Comment ça va ?**
gànz güet : **très bien**
vielmols merci : **merci beaucoup**
bis bàll : **à bientôt**
àdje : **au revoir (adieu)**
e scheener Dàà : **bonne journée**
güet Nàcht : **bonne nuit**
ja : **oui**
në : **non**
e Güeter : **bon appétit**
e Bessere : **bon appétit (réponse)**
wenn's beliebt : **s'il vous plaît**

le SAIS-TU ?

L'alsacien est une langue germanique mais elle a emprunté, au cours de son évolution, des mots à la langue française. C'est le cas de « bonjour » qui se dit *Buschur* en alsacien ou « mademoiselle » qui est devenu *Màmsell*…

Petit lexique

La nature
d'r Bari : **la montagne**
's Gebìri : **le massif montagneux**
d'r Belche : **le ballon**
d'r Bùckel : **la colline**
's Tàl : **la vallée**
d'r Flùss : **le fleuve**
d'r Bàch : **le ruisseau**
d'r See : **le lac**
d'r Storich : **la cigogne**
d'r Biber : **le castor**
d'r Hàmschter : **le hamster**
d'r Wolf : **le loup**
d'r Lùchs : **le lynx**
's Mùrmeltier : **la marmotte**
d'r Ürhàhn : **le grand tétras**
d' Màttehüehn : **le courlis cendré**
d'r Kàrpfe : **la carpe**
d' Küh : **la vache**
d'r Wàld : **la forêt**
d'r Bäum : **l'arbre**
d' Hàmbüech : **le charme**
d' Eich : **le chêne**
d' Eibe : **l'if**
's Schìlf : **le roseau**

La ville et la campagne
d' Stàdt : **la ville**
's Mìnschter : **la cathédrale**
's Dorf : **le village**
's Derfel : **le petit village**
's Hüss : **la maison**
d' Hiiser : **les maisons**
d'r Waj : **le chemin**
d' Gàss : **la rue**
's Gassel : **la ruelle**
d' Stross : **la route**
d' Kìrich : **l'église**
's Schloss : **le château**
's Fald : **le champ**

Les jours
Mandi : **lundi**
Zischdi : **mardi**
Mìttwùch : **mercredi**
Dùnnerschdi : **jeudi**
Fridi : **vendredi**
Sàmschdi : **samedi**
Sùnndi : **dimanche**

Les mois
Janner : **janvier**
Hornùng : **février**
März : **mars**
Àprìl : **avril**
Mäi : **mai**
Jüni : **juin**
Jüli : **juillet**
Äugscht : **août**
Septamber : **septembre**
Oktower : **octobre**
Novamber : **novembre**
Dezamber : **décembre**

Les chiffres
eins : **un**
zwei : **deux**
drej : **trois**
vier : **quatre**
finef : **cinq**
sechs : **six**
sìwwe : **sept**
àächt : **huit**
niin : **neuf**
zëh : **dix**

Les couleurs
wiss : **blanc**
schwàrz : **noir**
blöi : **bleu**
gal : **jaune**
rot : **rouge**
grien : **vert**

Mais encore…
Wie heisch Dü ? : **Comment t'appelles-tu ?**
Ich heiss… : **Je m'appelle…**
d'r Vöjel : **l'oiseau**
d'r Schmatterling : **le papillon**
d' Ìmm : **l'abeille**
d' Blüem : **la fleur**
's Elsàss : **l'Alsace**
's Ìwerlànd : **le Haut-Rhin**
's Ùnterlànd : **le Bas-Rhin**

Le SAIS-TU ?

En alsacien, comme en allemand, il y a trois genres : masculin (*de / d'r* : le), féminin (*d'* : la) et neutre (*'s*), avec un pluriel commun (*d'* : les). L'article indéfini a une seule forme (*e* : un, une et neutre indéfini) mais pas de pluriel.

La fille des géants du Nideck

Le château du Nideck, non loin d'Oberhaslach dans le Bas-Rhin, possède sa propre légende. Charlotte Engelhardt fut la première à la noter. Elle la recueillit en 1808 auprès d'un forestier, puis la conta à Jacob Grimm, de passage en 1814 à Strasbourg. Un peu plus tard, l'histoire apparaît dans un recueil de contes des frères Grimm, qui la font ainsi connaître.

Il y a bien longtemps, sur le sommet d'une haute montagne, au beau milieu d'une vaste forêt, trônait le château fort de Nideck. Cette imposante demeure abritait de bien singuliers hôtes : une famille de géants, les seigneurs de la région. Ils avaient une fille, qui remplissait de ses cris les pièces du château. Elle était de nature joyeuse et surtout très rêveuse. Pourtant, les sombres murs de pierre, les interminables couloirs et les hauts plafonds ne la rassuraient pas, et elle jetait des yeux pleins d'envie par la fenêtre, d'où provenaient mille promesses, comme le chant des oiseaux.

Un beau jour, comme elle s'ennuyait, la jeune géante s'avança sur la pointe des pieds vers la porte entrouverte du château. D'abord hésitante, elle risqua un pied sur le seuil avant de s'élancer tout à fait au-dehors. Elle courait à grandes enjambées, si bien que la terre tremblait sous ses pas, dévalant l'allée principale jusqu'à dépasser la lourde grille. Là, elle s'arrêta net et regarda tout autour d'elle la campagne qu'elle découvrait pour la première fois. Les odeurs de bois, de terre et de feuilles mêlées venaient chatouiller ses narines tandis qu'elle se laissait bercer par le chuchotement des ruisseaux.
Le chemin, sur lequel elle marchait à présent d'un pas léger, offrait la vision d'un monde nouveau. Il était bordé de maisons et de clochers, des bâtisses si différentes de l'énorme demeure où vivait sa famille. Dans les vergers, les branches des arbres croulaient sous les fruits mûrs. Les prés et les champs dorés s'étalaient à perte de vue… tout était tellement beau !

La géante goûtait avec plaisir cet après-midi de liberté. Elle n'en manquait pas une miette. Soudain, ses yeux s'arrêtèrent sur un bien étrange spectacle. Elle se figea. Le vent n'aurait pu faire ciller ses paupières. Devant elle, un minuscule personnage était affairé dans un champ, au côté de tout petits chevaux. Le paysan vit aussitôt son ciel s'assombrir et pensa tout d'abord que le soleil avait disparu derrière un épais nuage. Mais, absorbé par son dur labeur, il ne leva pas les yeux, se contentant de grommeler un peu.

– Quels merveilleux jouets que voilà ! s'exclama la jeune géante, ne pouvant détacher ses yeux du paysan et de ses chevaux.

Puis, d'une voix pleine de surprise :

– Ils sont tout remuants !

Elle s'agenouilla alors – ce qui fit de nouveau trembler le sol – et avança sa gigantesque main au-dessus du petit homme. Puis elle le souleva de terre, lui, ses chevaux et sa charrue, et les glissa dans la poche de son tablier. Le laboureur eut le temps de regarder la campagne rapetisser à mesure qu'il montait dans le ciel, jusqu'à voir le clocher devenir aussi gros qu'une tête d'épingle.

La géante s'élança alors sur le chemin. Les lourds rochers qui le parsemaient la faisaient trébucher mais il en fallait plus pour arrêter sa course folle vers le château. « Ils vont faire une drôle de tête quand je vais leur montrer mes incroyables jouets ! » s'amusait-elle à penser. Dans la poche du tablier, le paysan sentait son cœur se soulever à chacun de ses bonds extraordinaires. Il essayait de s'accrocher tant bien que mal afin de rester debout. À ses côtés, ses chevaux hennissaient à tout rompre.

Pourtant, la course ne fut pas si longue. Le château se dessina bien vite dans le lointain. C'est un peu essoufflée que la fillette passa alors la lourde grille et franchit la porte principale. Elle dut encore traverser les longs couloirs de la bâtisse avant d'atteindre la cuisine.

Dans la pièce, un feu crépitait sous une énorme marmite d'eau bouillante. Le géant était à table. Il sursauta en voyant sa fille arriver à la vitesse d'un boulet de canon. Comme elle se tortillait dans tous les sens, les joues roses de bonheur, il s'exclama, tout en faisant remuer ses imposantes moustaches :

– Que s'est-il passé qui puisse te rendre encore plus joyeuse que de coutume ?

– Père, dans la vallée j'ai trouvé des jouets, des jouets vraiment merveilleux, lui répondit-elle, des étincelles dans les yeux.

– Qu'attends-tu pour me montrer cette trouvaille ? lui répondit-il attendri.

Elle plongea alors la main dans la poche de son tablier. Ses grands doigts se mirent à remuer énergiquement au-dessus du paysan qui s'était recroquevillé sur lui-même pour leur échapper. Mais il fut soudain saisi par la culotte et, tandis qu'il gigotait dans tous les sens, il se retrouva projeté sur la table où il roula sur lui-même. Pourtant, la géante avait pris mille précautions afin de déposer délicatement le paysan, les chevaux et sa charrue devant son père. Elle écarquilla les yeux, tout émerveillée de les voir se mouvoir. Bien entendu, le paysan agitait la tête, l'air perdu et effrayé, tout autour de lui. À ses yeux, les objets étaient démesurés : là un vase colossal, un saucisson considérable, un couteau interminable. Il remarqua d'ailleurs bien vite l'énorme marmite. Il serra son chapeau entre ses mains moites et ferma les yeux. C'est alors qu'il entendit ce qui semblait être un orage éclater au-dessus de lui. Le géant avait ouvert sa grande bouche caverneuse…

– Mais, c'est un paysan, avec son attelage ! Qu'as-tu fait là, ma fille ? gronda le géant.

Sous ses sourcils froncés, il semblait plus affligé qu'en colère.

– Je t'ordonne de ramener ce pauvre homme, ses chevaux et sa charrue là où tu les as trouvés !

La terrible voix avait provoqué de lourdes larmes sur les joues de sa fille. Alors, le géant se radoucit et d'une voix mesurée reprit :

– Si le paysan ne peut pas labourer son champ, alors le pain et tous nos biens nous manqueront. Il faut respecter le travailleur qui nous nourrit en cultivant la terre. Car de son travail est issue la lignée des géants.

Après bien des époques traversées, le château du Nideck se dresse toujours fièrement sur sa montagne. Mais à l'intérieur, nulle trace des géants. Pourtant, il est permis de rêver que la petite fille qui vivait là, et qui remplissait de ses cris les pièces du château, a pu exister…

FIN

Au cœur de l'Europe

Les sombres heures de la guerre font partie de l'histoire de l'Alsace, région frontalière… Certains lieux en sont à jamais marqués. Au cours de l'Histoire, sa situation géographique la propulse en effet au cœur de nombreux conflits. Située au centre de l'Europe, elle est aujourd'hui devenue l'un de ses symboles. Enfin, tout en s'imprégnant des cultures des pays se trouvant à sa porte, elle a su construire sa propre identité.

L'Alsace multiculturelle

Les Alsaciens ont changé plusieurs fois de nationalité entre 1870 et 1945. Les deux nations voisines, la France et l'Allemagne, n'ont en effet eu de cesse de se disputer la région. Aujourd'hui devenue la plus européenne des régions françaises, elle a également conservé de ces changements une double culture. En témoignent son dialecte*, l'alsacien, son patrimoine* architectural, sa gastronomie et nombre de ses coutumes. De ces différents apports, elle a su forger sa propre culture.

le SAIS-TU ?

À deux pas de l'Allemagne et de la Suisse, au sud de l'Alsace, les habitants du Pays des Trois Frontières, où se trouve la ville de Saint-Louis, jouissent d'une tri-nationalité. Dans cette zone où les frontières de trois pays se rencontrent, les personnes circulent librement de l'un à l'autre.

FOCUS

La banane bleue

L'Alsace est située sur «l'axe rhénan», la ligne du Rhin. L'aménagement du fleuve, frontière naturelle avec l'Allemagne et la Suisse, a permis de développer les échanges entre les villes. Mais de manière plus large, la région appartient également à la «banane bleue» ou mégalopole* européenne, qui s'étend du sud de l'Angleterre jusqu'au nord de l'Italie. Elle représente le cœur de l'Europe où sont regroupées les régions en essor et les villes les plus dynamiques.

Strasbourg, une capitale européenne

Les institutions de l'Union européenne sont réparties dans trois villes: Bruxelles, Luxembourg et Strasbourg, où siège le Parlement européen, qui a le pouvoir de faire les lois. La vocation européenne de la capitale alsacienne remonte à 1949, date à laquelle elle est choisie pour accueillir le siège du Conseil de l'Europe, qui renforce le rapprochement entre la France et l'Allemagne au lendemain de la Seconde Guerre mondiale.

Le SAIS-TU ?

La chaîne de télévision franco-allemande ARTE est installée à Strasbourg. Elle a été créée par les deux pays en 1992 et diffuse ses programmes culturels dans toute l'Europe, dans les deux langues. Son siège est situé dans le quartier européen de la ville.

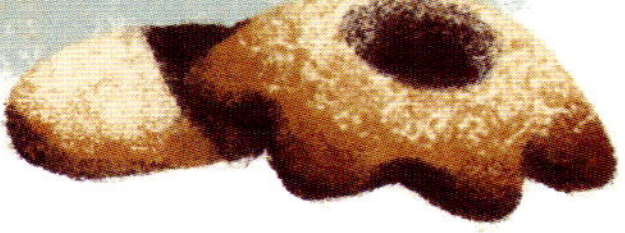

Traditions alsaciennes

Noël et Pâques s'inscrivent de façon unique dans la région. Depuis 1570, Strasbourg accueille le plus ancien marché de Noël de France: le *Christkindelsmärik*. Pain d'épices et bredele, des petits gâteaux suspendus au sapin, parfument l'air. Saint-Nicolas, le Père Noël, Christkindle et Hans Trapp, le «père Fouettard», font partie des légendes de Noël. À Pâques, c'est un lièvre, ou *oschterhàs*, qui apporte les chocolats aux enfants, tandis que des œufs multicolores décorent l'arbre de Pâques.

Que faire EN CAS DE PLUIE ?

Des lieux de mémoire témoignent des lourds conflits qui ont ébranlé la région. C'est le cas du camp de Struthof où se trouve aujourd'hui le Centre européen du résistant déporté*. Certains des forts de la ligne Maginot, construite entre les guerres mondiales le long de la frontière avec l'Allemagne, sont ouverts au public, comme l'impressionnant ouvrage de Schoenenbourg. Le Mémorial de l'Alsace-Moselle retrace tout ceci dans un parcours interactif, menant à la construction de l'Europe.

Strasbourg et Colmar

Strasbourg et Colmar sont les deux principales villes de la région. La première, située dans le Haut-Rhin, est la capitale de l'Alsace. La seconde, établie au cœur du vignoble* qui occupe le Bas-Rhin, est réputée pour ses célèbres vins. Ces villes historiques, qui figurent sur la liste du patrimoine* mondial établie par l'Unesco*, sont baignées de canaux dans lesquels les plus belles demeures médiévales se reflètent. Si leurs influences sont françaises et germaniques, dans leur ambiance fleurie, elles sont alsaciennes avant tout !

La capitale de l'Alsace

Le centre historique de Strasbourg se déploie autour du quartier de la Petite France et de la cathédrale. De belles maisons médiévales bordent encore les rues, à l'image des pittoresques maisons Kammerzell et de celle dite des Tanneurs. L'architecture du quartier allemand, appelé *Neustadt*, ou « nouvelle ville », est très différente car plus moderne. Édifié à partir de 1870, il accueille le monumental Palais du Rhin et la Bibliothèque nationale et universitaire, la deuxième de France. Enfin, à Strasbourg, les bâtiments historiques côtoient les grandes institutions européennes.

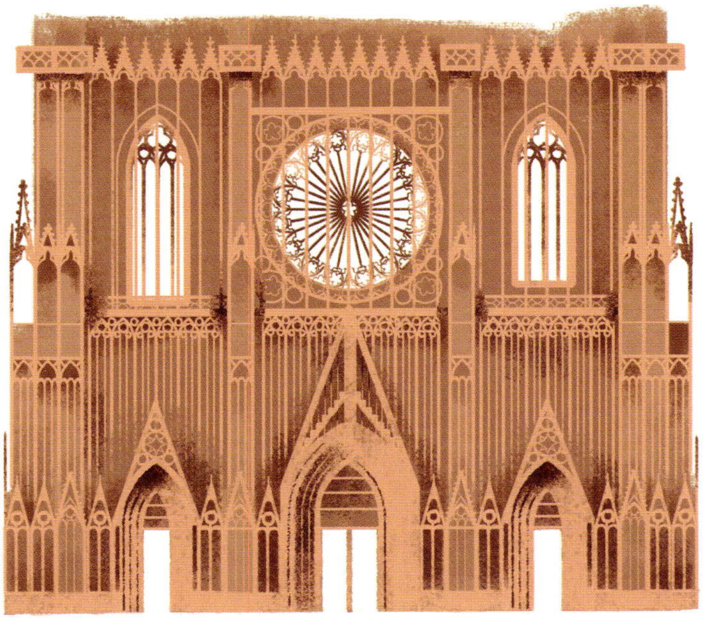

La cathédrale Notre-Dame de Strasbourg

Commencée en 1176, sa réalisation s'étala sur plusieurs siècles et fut achevée en 1439. Le chantier s'organisa autour de la Loge, constituée d'artisans appartenant aux différents corps de métiers nécessaires à l'élévation de l'édifice gothique*. Avec sa façade rose richement sculptée et sa flèche culminant à 142 mètres au-dessus de la ville, elle domine le centre historique de la capitale alsacienne. Elle était jusqu'au XIXe siècle le monument le plus élevé de toute la chrétienté. Mais surtout, elle possède une incontournable horloge astronomique d'époque Renaissance*, dont la mécanique spectaculaire date de 1842.

Le SAIS-TU ?

Dédiée à l'astronomie, la crypte aux étoiles du planétarium permet notamment de comprendre le mécanisme de l'horloge astronomique de la cathédrale.

FOCUS

Gutenberg

Gutenberg, de son véritable nom Johannes Gensfleisch, est d'origine allemande. Mais c'est durant un séjour à Strasbourg, entre 1434 et 1444, qu'il mit au point l'imprimerie. Plus exactement, il est à l'origine de l'invention indispensable à son apparition : les lettres mobiles, qui permettent de produire des livres en série. Il est ainsi à l'origine du livre imprimé !

Des villes d'eau

Colmar et Strasbourg sont baignées de canaux, le long desquels vivaient autrefois les pêcheurs, les meuniers et les tanneurs*. Avant de se jeter dans le Rhin, l'Ill, principale rivière alsacienne, encercle la Grande Île de Strasbourg. Les maisons à colombages s'alignent sagement au bord de l'eau tandis que le barrage Vauban et les Ponts Couverts enjambent la rivière. À Colmar, c'est la Lauch qui baigne le quartier de la Petite Venise et ses maisons serrées le long du canal. Elles étaient autrefois accessibles en barque, comme le quai de la poissonnerie et le marché couvert. Enfin, la capitale alsacienne possède l'un des principaux ports du Rhin, le deuxième port fluvial de France.

Les trésors de Colmar

Dans les ruelles de la ville, les maisons à colombages des XVIe et XVIIe et leurs façades de toutes les couleurs croulent sous les fleurs. La maison des Têtes, qui date de 1609, est sans doute la plus célèbre. Elle doit son nom à la centaine de têtes grimaçantes qui ornent sa façade ! Au sommet, la statue d'un tonnelier, œuvre de Bartholdi, jette un œil sur les passants. D'autres trésors parsèment la ville : les maisons Pfister et Adolph (bâties vers 1305), l'ancienne douane, le corps de garde, le plus vieux et plus haut château d'eau d'Alsace ou encore la gare, construite dans les années 1900.

Que faire EN CAS DE PLUIE ?

Strasbourg ne manque pas d'activités. Le Théâtre Jeune Public (TJP) est un bon moyen de se divertir. On peut aussi se rendre au Musée Alsacien où l'art et les traditions populaires de la région sont à découvrir : costumes, objets, meubles… Au musée Tomi Ungerer, une partie impressionnante de la collection de jouets du célèbre illustrateur est à admirer ! Colmar abrite son propre musée du jouet. Mais elle est aussi mondialement connue pour le retable* d'Issenheim, qui attire chaque année des milliers de visiteurs au musée Unterlinden.

Des villes de caractère

Les villes alsaciennes possèdent d'étonnants et fabuleux trésors, qu'elles partagent avec leurs admirateurs. Leur histoire, leur culture, leurs savoir-faire ou leurs monuments en font des cités singulières. L'une est célèbre pour son riche passé industriel, l'autre pour sa bibliothèque qui a traversé le temps, une autre encore pour être le berceau de sainte Odile, la patronne de l'Alsace.

FOCUS

Mulhouse, la ville industrielle

Surnommée « la ville aux cent cheminées », en raison des anciennes cheminées d'usines qui coiffaient la ville, Mulhouse, dans le Haut-Rhin, est le berceau d'un certain savoir-faire industriel. En 1850, elle devient l'un des plus grands centres de l'industrie textile française, avec l'édification de manufactures d'indiennes* très prisées. La ville accueille d'ailleurs plusieurs musées liés aux célèbres industries qui ont fait sa richesse. Aujourd'hui, elle se consacre notamment à la construction automobile. Mulhouse a obtenu le label de « ville d'art et d'histoire ».

Saverne, la cité des roses

Sur le canal de la Marne au Rhin, les bateaux apprécient la vue sur la majestueuse silhouette du château des Rohan, édifié en 1779, qui domine le centre-ville de Saverne. Comme ses semblables, cette ville du Bas-Rhin est parsemée de jolies maisons à colombages. Construite en 1605, la maison Katz offre un décor particulièrement riche de détails sculptés. Non loin, une licorne s'est figée sur l'une des places de la ville, dont elle est l'emblème… et la gardienne. Enfin, surnommée « la cité des roses », Saverne possède une magnifique roseraie. Au printemps, 8 500 rosiers aux couleurs vives en parfument les allées !

Obernai, la cité médiévale

Dans le Bas-Rhin, Obernai est une très jolie cité médiévale, située au pied du mont Sainte-Odile dont le couvent surplombe la plaine d'Alsace. Elle est le berceau légendaire d'Odile, la sainte patronne de l'Alsace. Ses remparts et ses maisons à colombages attirent de nombreux visiteurs. Un circuit agrémenté de panneaux explicatifs permet de découvrir ses principaux monuments, dont le majestueux beffroi.

Sélestat, l'humaniste*

Dans le Bas-Rhin, Sélestat conserve des restes d'enceinte, des églises médiévales et des demeures du XVIe siècle. Mais surtout, elle possède une bibliothèque humaniste* qui témoigne de l'activité intellectuelle de la cité à la Renaissance*. On y trouve le livre le plus ancien conservé en Alsace datant du VIIe siècle ! Mais également les premiers livres imprimés en Alsace, à l'époque de Gutenberg. Pour découvrir les sites remarquables de Sélestat, il suffit de suivre les pas du géant Sletto – dont la légende raconte qu'il aurait fondé la ville –, et ceux d'un lion – qui figure sur les armoiries de la famille des Hohenstaufen, à l'origine de l'essor de la cité au Moyen Âge.

Wissembourg

Ville du Bas-Rhin, Wissembourg est également appelée « Porte de France » en raison de sa proximité avec l'Allemagne. L'église abbatiale Saints-Pierre-et-Paul est le deuxième plus grand édifice gothique* d'Alsace après la cathédrale de Strasbourg. Les vieux quartiers abritent plus de soixante-dix maisons bâties avant 1700. Quant au Palais Stanislas, une anecdote historique lui est attachée ainsi qu'à la ville : en 1720, le roi de Pologne Stanislas Leszczynski se réfugie à Wissembourg avec sa fille, Marie, qui deviendra reine de France en 1725 en épousant Louis XV.

Le SAIS-TU ?

Ouvert depuis le 1er juillet 2014, le Parc du Petit Prince, situé à Ungersheim dans le Haut-Rhin, est consacré à l'univers du célèbre héros de Saint-Exupéry : ballons, planètes, avion de l'Aéropostale, roseraie, moutons et renardeaux… dessinent les contours du parc.

Que faire EN CAS DE PLUIE ?

Les musées techniques de Mulhouse sont incontournables. Ils forment un ensemble unique de sept musées. Ainsi, la Cité de l'Automobile est le plus grand musée de voitures du monde tandis que la Cité du Train est le plus grand musée européen du chemin de fer ! Sans oublier le musée de l'Impression sur étoffes, le musée du Papier peint, et Électropolis, consacré à l'énergie électrique.

Le Ried alsacien

Le Ried est une région naturelle située entre Strasbourg et Colmar, au centre de la plaine d'Alsace. Prairies, forêts et marais composent cette vaste étendue humide bordée par l'Ill et le Rhin. Cette mosaïque de paysages a favorisé l'installation d'une flore et d'une faune particulièrement riches, à l'image de la fameuse cigogne blanche, l'oiseau emblématique de l'Alsace…

Des terres inondées

L'eau est omniprésente dans le Ried. Elle provient notamment d'une immense nappe phréatique* affleurant à la surface, la plus grande d'Europe. Ce vaste réservoir est une ressource importante et contribue à l'existence de milieux naturels exceptionnels. On peut ainsi observer des sources phréatiques appelées « résurgences », où, grâce à l'eau pure issue de la nappe, une végétation luxuriante* se développe. Ces sources donnent elles-mêmes naissance à des rivières.

Le SAIS-TU ?

Gorgés d'eau, les paysages du Ried se découvrent en barque à fond plat. Ce mode de transport ancestral permet de naviguer sur de faibles profondeurs.

L'Illwald

La réserve naturelle* régionale du Ried de Sélestat est la plus grande réserve d'Alsace. Elle abrite l'une des plus importantes forêts alluviales*, c'est-à-dire inondables, de France. La réserve est en effet parcourue par l'Ill, qui alimente de nombreux cours d'eau. Chaque année, ils inondent la réserve. Roselières*, prairies et milieux aquatiques constituent le paysage dans lequel vivent un grand nombre d'espèces animales et végétales. Dans ce milieu préservé, les espèces et les milieux naturels sont bien sûr protégés.

La Maison de la Nature

La Maison de la Nature du Ried et de l'Alsace centrale est située à Muttersholtz, dans le Bas-Rhin. Elle sensibilise les visiteurs au respect de la nature, au travers, notamment, d'animations. Elle propose de découvrir les milieux naturels du Ried.

Un refuge animalier

Avec son chant flûté, «couur-lii», à l'origine de son nom, le courlis cendré est typique du Ried. Ce petit oiseau au long bec courbé vers le bas niche au sol; aussi son habitat est précaire et l'espèce menacée. Du côté des insectes, le cuivré des marais est un joli papillon aux ailes orange, parfois légèrement bleutées. Cet animal rare parcourt les prairies humides. Enfin, dans la catégorie des mammifères, le daim est devenu l'emblème de la forêt de l'Illwald, l'une des rares forêts européennes à l'avoir pour hôte. La plus grande population de daims sauvages en France y évolue en toute liberté!

FOCUS

La cigogne blanche

La cigogne blanche survole avec majesté l'Alsace, dont elle est le symbole. Elle élit bien souvent domicile sur les toits et les clochers, quand elle ne préfère pas poser son nid monumental sur un pylône. Du haut de son perchoir, on l'entend émettre de rapides et caractéristiques claquements de bec! La cigogne fréquente aussi volontiers les prairies humides et les zones marécageuses, où elle se nourrit d'animaux aquatiques et de petits mammifères.

Des plantes rares

Elles s'épanouissent sur les prairies humides du Ried alsacien mais se font de plus en plus rares bien que protégées. Ainsi, l'iris de Sibérie, appelé aussi «iris bleu des marais», et le glaïeul palustre («qui vit dans les marais») poussent aux côtés de la véronique à longues feuilles. En été, les étendues humides se tapissent d'une flore variée et richement colorée: elles se couvrent de fleurs blanches, violettes, bleues, jaunes… et font le bonheur des abeilles.

LE SAIS-TU?

Le terme «ried» est dérivé de l'alémanique «rieth» qui signifie «roseau». Par extension, il désigne ainsi une surface couverte de ces plantes où s'étendent des prés humides souvent inondés.

Le Rhin et la forêt rhénane

Le Rhin était dans le passé un fleuve capricieux que l'homme a voulu assagir. Une forêt où croît une végétation luxuriante* a pris place sur ses rives. Elle s'épanouit dans un univers aquatique peuplé d'animaux en tout genre...

Carte d'identité

Avec ses 1 233 kilomètres, le Rhin est un grand fleuve. Il prend sa source dans les Alpes suisses et s'écoule à travers six pays jusqu'à son embouchure, située aux Pays-Bas, où il se jette dans la mer du Nord. En France, il forme une frontière naturelle avec la Suisse et l'Allemagne. Ses eaux s'écoulent dans la plaine d'Alsace depuis des centaines de milliers d'années… Il y dépose des sédiments* fertiles et alimente la nappe phréatique*, tandis que sur ses rives, s'épanouissent d'exubérantes forêts alluviales*.

Le sais-tu ?

Le Rhin est l'une des voies navigables les plus fréquentées du monde. Il traverse en effet la mégalopole* européenne que l'on surnomme « la banane bleue », une zone particulièrement dynamique.

Un fleuve dompté

Le Rhin était autrefois un fleuve sauvage qui se divisait en de nombreux bras inondant la plaine. Son cours tumultueux a été canalisé par de grands travaux. Au XIXe siècle, un lit unique fut tracé et des digues dressées afin de limiter l'étendue des inondations. Au XXe siècle, un chenal artificiel fut construit pour la navigation et la production d'électricité. Le fleuve, qui s'écoule entre des digues étroites, n'inonde plus sa plaine…

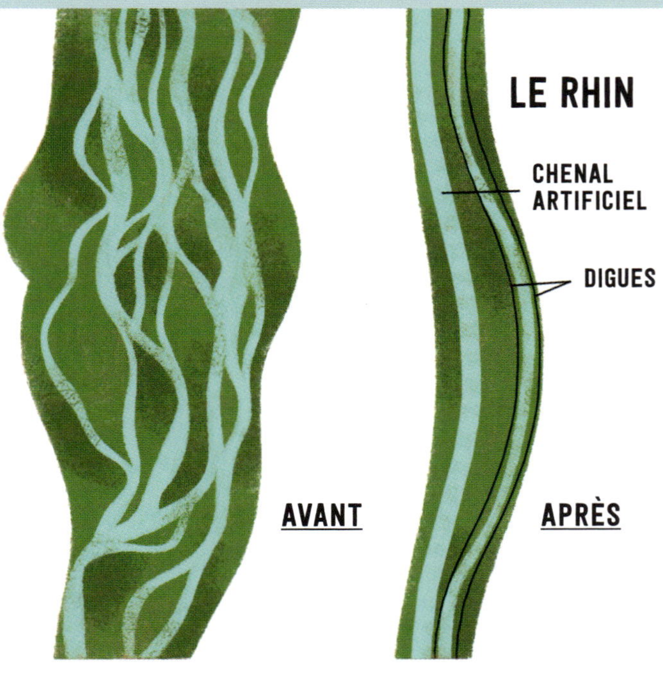

La forêt rhénane

La forêt des bords du Rhin est l'une des plus luxuriantes* d'Europe. L'humidité, la chaleur et les limons* apportés par les crues ont favorisé l'explosion de la végétation, évoquant ainsi la forêt tropicale. Avec ses lianes s'enroulant autour d'arbres monumentaux, elle mérite bien son surnom de «jungle»! Mais si, par le passé, la forêt était régulièrement inondée par le fleuve, les travaux d'aménagements entrepris par l'homme depuis le XIXe siècle ont mis à mal cet exceptionnel milieu naturel. Dans les zones qui ne sont plus inondées, la végétation abondante ne peut s'épanouir, et la forêt rhénane risque de perdre ses caractéristiques si particulières…

FOCUS

Les réserves naturelles* du Rhin

Lorsque le Rhin était encore sauvage, la forêt bordait la totalité du fleuve. Une importante partie de cette antique forêt a disparu depuis l'intervention de l'homme. Elle a ainsi perdu 8000 hectares depuis le début du siècle! Heureusement, les différents massifs qui la composent aujourd'hui sont protégés. C'est le cas des six réserves naturelles* du fleuve, au sein desquelles se côtoient divers milieux (forêt, mares, roselières*, bras d'eau, prairies…): le delta de la Sauer, la forêt d'Offendorf, l'île du Rohrschollen, la forêt d'Erstein, l'île de Rhinau et la Petite Camargue alsacienne.

Une population foisonnante

La forêt rhénane fourmille de vie: oiseaux, mammifères, insectes, amphibiens, mollusques et poissons ont trouvé refuge parmi la végétation. Les plantes aquatiques abondent dans les cours d'eau. La forêt est également peuplée de multiples essences d'arbres, dont le rare peuplier noir. Chênes, ormes, frênes et saules se couvrent de lianes. Le pic, un oiseau perché sur les troncs, en est un hôte familier, comme le castor d'Europe, réintroduit dans les années 1970. Quant au fleuve, il est visité par une multitude de canards qui passent l'hiver sur le Rhin.

D'r Hans im Schnokeloch

Hans im Schnokeloch ou *Jean du trou à moustiques* est une célèbre chanson populaire alsacienne. Elle relate les aventures du plus connu des personnages folkloriques alsaciens. La chanson a été créée au XIXe siècle, d'après le tenancier de l'auberge strasbourgeoise du Schnokeloch ou « trou à moustiques », un certain Hans ou « Jean »... Un client aurait voulu se moquer de lui en imaginant cette chanson.

Jean du trou à moustiques a tout ce qu'il veut
Et ce qu'il a, il n'en veut pas
Et ce qu'il veut, il ne l'a pas
Jean du trou à moustiques a tout ce qu'il veut

Jean du trou à moustiques a tout ce qu'il veut
Et ce qu'il dit, il ne le pense pas
Et ce qu'il pense, il ne le dit pas
Jean du trou à moustiques a tout ce qu'il veut

Jean du trou à moustiques fait tout ce qu'il veut
Et ce qu'il fait, il ne le doit pas
Et ce qu'il doit, il ne le fait pas
Jean du trou à moustiques fait tout ce qu'il veut

Jean du trou à moustiques peut tout ce qu'il veut
Et ce qu'il peut, il ne le fait pas
Et ce qu'il fait, ne lui réussit pas
Jean du trou à moustiques peut tout ce qu'il veut

Jean du trou à moustiques va partout où il veut
Et où il est, il ne reste pas
Et où il reste, ça ne lui plaît pas
Jean du trou à moustiques va partout où il veut

Paroles en alsacien du premier couplet

Der Hans im Schnokeloch, hett alles was er will
Un was er hett des well er nitt,
Un was er will des hett er nitt,
Der Hans im Schnokeloch, hett alles was er will

Enfants d'Alsace

Nées en Alsace, ces personnalités ont connu des destins extraordinaires à travers le monde et les époques. Ils les ont menées sur des chemins divers où se croisent l'art, la nature et l'amour de son prochain.

Tomi Ungerer

Jean Thomas, dit Tomi Ungerer, est un illustrateur de renom né en 1931 à Strasbourg. Son enfance est marquée par la mort de son père et l'occupation de l'Alsace par l'armée allemande. L'absurdité des hommes et de la guerre nourrira ses multiples travaux. Il s'installe à New York en 1956 et publie, en 1957, son premier et très remarqué livre pour enfants, l'histoire d'une famille de petits cochons. Il écrira pour les plus grands magazines et deviendra un important dessinateur satirique et humoristique pour adultes. Ses livres pour enfants, dont *Les Trois Brigands* et *Jean de la Lune*, sont de grands succès. Jusqu'à ce jour, il a publié plus de 130 ouvrages et près de 500 affiches ainsi que des milliers de dessins… suivant les pas de son illustre prédécesseur, lui aussi natif de la région, Gustave Doré.

Auguste Bartholdi

Auguste Bartholdi est un célèbre sculpteur né à Colmar en 1834 et mort à Paris en 1904. Nombre de ses œuvres ornent les rues alsaciennes et se retrouvent un peu partout en France, mais ses deux plus célèbres sculptures sont le *Lion de Belfort* (1880), en grès rouge, et *La Liberté éclairant le monde* (1886) dont l'armature métallique fut conçue par un certain Gustave Eiffel… Celle que l'on appelle plus communément la statue de la Liberté se trouve à l'entrée du port de New York.

Le SAIS-TU ?

De grandes personnalités historiques sont originaires de la région, à l'image de Victor Schoelcher, promoteur du décret de 1848 qui abolit l'esclavage en France, et d'Alfred Dreyfus, célèbre capitaine de confession juive dont l'affaire a partagé en deux la France, à la fin du XIXe siècle.

Albert Schweitzer

Le 14 janvier 1875 naît dans le village de Kaysersberg le futur prix Nobel de la paix de 1953. Albert Schweitzer, dont la langue maternelle est l'alsacien, est élevé dans la double culture allemande et française. Enfant, on lui confie la responsabilité musicale de l'office, dans le temple* où il joue de l'orgue. Devenu adulte, il se consacre aussi bien à l'étude de la musique et de la religion protestante qu'à la médecine. C'est ainsi qu'il part avec sa femme Hélène pour le Gabon, à Lambaréné, afin d'y bâtir des hôpitaux. En 1928, il se fait construire une petite maison à Gunsbach, dans la vallée de Munster, mais c'est en Afrique qu'il finira sa vie en 1965.

Katia et Maurice Krafft

Nés en 1942 et 1946 à Soultz et Mulhouse, Katia (née Conrad) et Maurice Krafft forment un couple de volcanologues exceptionnels. Attirés par les volcans, ils parcourent le monde pour étudier leurs cratères bouillonnants et fondent le Centre de Volcanologie Vulcain à Cernay, en Alsace. Au fil de leur vie consacrée aux volcans, ils rencontrent plus de 150 éruptions, sur tous les continents, et réalisent de nombreux films et clichés époustouflants. Mais le 3 juin 1991, sur les pentes du volcan japonais Unzen, ils perdent la vie malgré leur grande expérience des éruptions.

Marcel Marceau

Né à Strasbourg en 1923, Marcel Mangel est d'origine juive polonaise. À 15 ans, il doit quitter l'Alsace occupée par l'Allemagne d'Hitler. Son père est déporté*, il entre dans la Résistance* française et prend le nom de Marceau. Plus tard, tandis qu'il a Chaplin pour idole, ses dons artistiques le poussent à étudier l'art silencieux du mime. En 1947, il crée Bip, le personnage pantomime qu'il incarnera toute sa vie, avec humour et poésie. Grâce à son talent, il connaît la célébrité sur les plus grandes scènes du monde. En 1978, il fonde à Paris l'École internationale de mimodrame. Ce grand personnage, qui vécut jusqu'à l'âge de 84 ans, a reçu de multiples décorations lui rendant hommage.

La légende de la carpe d'or

La commune de Ferrette se situe tout au sud de l'Alsace, dans la partie que l'on appelle le Sundgau. Posé sur une colline, son château fort, dont il ne reste aujourd'hui que des ruines, est l'un des plus anciens de la région. Il était la possession de puissants comtes. Le village de Liebsdorf, dont il est question dans l'histoire, appartient quant à lui au canton.

En ce temps-là, le comte de Ferrette avait un fils qui aimait par-dessus tout se promener. Il se plaisait à marcher sur les chemins caillouteux, dans l'air frais revigorant, ou à braver les sous-bois au contact des arbres les plus majestueux. De temps à autre, il profitait d'un rayon de soleil pour s'allonger dans l'herbe en se laissant bercer par le chant paisible d'une petite cascade. Il avait pris l'habitude de se rendre sur les terres de Liebsdorf, qu'il affectionnait tout particulièrement.

Un jour, tandis qu'il se croyait seul comme à son habitude, le fils du comte fut surpris par une voix, une voix si pure que son cœur en fut comme transpercé. Il leva alors les yeux et remarqua une jolie bergère. Elle était assise sur une pierre et contemplait le paysage de ses grands yeux rêveurs. Mais l'ayant aperçu elle se tut, lui décocha un sourire poli, se releva et reprit son chemin. Le jeune homme en fut tout interdit. Il venait de tomber éperdument amoureux de la jeune femme.

Il se mit à penser à elle jour et nuit et se demandait parfois s'il n'avait pas simplement rêvé, si la beauté, la douceur et la malice de cette charmante personne pouvaient être bien réelles. Dès qu'il lui était possible, il se rendait du côté de Liebsdorf et errait sur le chemin, attendant sa belle, l'air nerveux et embarrassé. Mais chaque fois qu'elle apparaissait sur le sentier, il se figeait de nouveau, et les mots mouraient sur ses lèvres. Son sourire l'intimidait. Comme il n'osait lui déclarer son amour, il décida d'écrire ce qu'il parvenait à si bien formuler dans son esprit. Il composa un poème qu'il grava sur la pierre où elle prenait l'habitude de se reposer, et fila bien vite.

Ce matin-là, l'air était doux et la forêt bruissait de vie. La jeune bergère chantait doucement sur le chemin. Lorsqu'elle s'approcha de la pierre et qu'elle découvrit les inscriptions, elle sentit son cœur s'emballer. Séduite par le doux message, elle sut aussitôt qu'il provenait de la plume de ce chevalier dont elle avait deviné la bonté, au premier jour de leur rencontre. Il n'avait d'ailleurs jamais quitté ses pensées et bien souvent, c'est pour lui qu'elle se mettait à chanter. Elle s'assit sur la pierre et patienta. Puis, enfin, elle entendit les pas du jeune homme. Il n'était plus hésitant. Il s'avança vers la jeune femme, plus éblouissante que jamais, et s'agenouilla devant elle. Elle lui murmura alors un petit « oui » étouffé par l'émotion. La bergère venait d'accepter d'épouser le chevalier.

Il restait cependant à convaincre le comte de Ferrette. Le jeune homme laissa, pour la dernière fois se promit-il, sa belle, et courut au château. Il marcha d'un pas déterminé vers les appartements de son père, passa la lourde porte sans prendre la peine de frapper et s'arrêta à quelques centimètres à peine du fauteuil où le comte était assis. Ce dernier, surpris, s'exclama :

– Eh bien ! mon fils, je suis bien heureux de vous voir dans mon château. Vous seriez-vous enfin désintéressé de vos promenades dans la campagne ?

– Bien au contraire, père… répondit le chevalier, mais il ne put poursuivre car sa voix s'était étranglée.

– Voilà une réponse trop mystérieuse pour me satisfaire ! Je t'écoute mon fils, le somma le comte.

– La campagne, bien au contraire, m'a offert la plus belle des promesses, balbutia le jeune homme.

– Mais encore ! Tu me sembles si mal en point ce matin ! Pourquoi tant de crainte ?

– C'est qu'il me faut vous convaincre que cette promesse est une jeune bergère que je souhaite épouser, réussit enfin à lancer le jeune homme dans un seul souffle.

Il dut alors faire face à un silence pesant.

– C'est non ! trancha finalement le comte.

Le refus rendit le chevalier fou de douleur et le plongea dans un profond désespoir. Quand la colère était trop forte, il imaginait des stratagèmes pour s'enfuir avec celle qu'il aimait.

Le comte, qui chérissait son fils, s'inquiéta pour sa santé. Il se dit alors prêt à revenir sur sa décision si la bergère venait à accomplir une action extraordinaire la rendant digne de son fils. Au fond de lui, il croyait l'exploit impossible… Le chevalier s'empressa de retrouver sa belle mais dans sa voix perçait l'inquiétude. Alors, la jeune femme lui prit les mains :

– Tu dois me faire confiance et tu verras, ton père se rendra vite à l'évidence : je ne suis peut-être qu'une jeune bergère à ses yeux, et non une grande dame, mais je peux faire chavirer les cœurs des humbles comme des puissants.

Puis elle demanda au chevalier de la mener au château. Là, faisant face au comte, elle lui dit :

– Monsieur, que diriez-vous de goûter à mes mystérieux poissons d'or ?

Des poissons d'or ? Le comte en fut fort intrigué et accepta.

La jeune femme se rendit près de la rivière où elle pêcha plusieurs carpes. Puis, dans les cuisines du château, sous les regards éberlués qui admiraient sa grâce et son courage, elle fit dorer à l'huile les poissons. Ses gestes étaient tranquilles. D'un air tout aussi calme et confiant, elle se rendit dans la salle où était attablé le comte et posa le plat fumant devant lui. Ce dernier en fut d'abord amusé. L'esprit de la jeune femme l'avait, il est vrai, charmé. Il examina le poisson doré, le palpa du bout de sa fourchette, puis porta un morceau à sa bouche.

Tous retenaient leur souffle. La jeune bergère, souriante, respirait tranquillement. À ses côtés, le chevalier aurait voulu briser le silence. Quand soudain, le comte posa sa fourchette. Mais, alors que l'on s'attendait à le voir quitter la table, il rapprocha sa chaise et prit ses aises. Puis il se mit à dévorer le plat. Les poissons d'or avaient conquis le comte.

Le mariage fut célébré. Le chevalier et la jeune bergère s'aimèrent profondément. Leur complicité était grande, et ils se promenaient bien souvent dans la campagne, côte à côte sur les chemins. Le comte leur fit même construire un château, sur la pierre où sont fils avait gravé son poème. Cet endroit est désormais connu sous le nom de Liebenstein qui signifie « pierre de l'amour ». Et c'est ainsi que la carpe frite devint un mets si prisé dans le Sundgau !

FIN

Au pays des châteaux

C'est en Alsace et dans le massif des Vosges que l'on trouve la plus forte concentration de châteaux forts d'Europe. Ils dessinent de hautes et majestueuses silhouettes sur le sommet des crêtes et sont les sentinelles de la région, témoins de son riche passé. Nombre d'entre eux sont classés monuments historiques*.

Le château du Haut-Kœnigsbourg

Voici l'un des monuments les plus visités de France. Construit sur un éperon rocheux à 757 mètres d'altitude, son donjon carré offre une vue grandiose sur la plaine d'Alsace, les Vosges et la Forêt-Noire. Sa situation stratégique fut d'ailleurs choisie par les Hohenstaufen au XIIe siècle puis il devint la propriété des Habsbourg, deux prestigieuses dynasties. Un autre illustre propriétaire, l'empereur allemand Guillaume II, le restaura au tout début du XXe siècle et y créa un musée du Moyen Âge.

Le SAIS-TU ?

Le château du Haut-Kœnigsbourg servit de décor au film de Renoir *La Grande Illusion*, cité parmi les chefs-d'œuvre du XXe siècle.

Le château de Fleckenstein

Une vue remarquable sur la vallée de la Sauer et sur les Vosges du Nord s'étend au pied des ruines de ce château culminant à plus de 300 mètres d'altitude. Posée sur un impressionnant rocher de grès rose, la forteresse jouit de la réputation d'être un nid d'aigle* imprenable. Le château est semi-troglodyte, c'est-à-dire construit en partie dans la roche. Il fut édifié au XIIe siècle et détruit par Louis XIV ! Il est aujourd'hui le deuxième château le plus visité en Alsace.

FOCUS

Le grès rose des Vosges

Pierre emblématique de l'Alsace, le grès est une roche utilisée notamment dans la construction. De couleur rose, il habille les cathédrales (dont celle de Strasbourg), les châteaux (tels que le Haut-Kœnigsbourg et celui de Fleckenstein), les édifices religieux (comme le monastère du mont Sainte-Odile) ainsi que de nombreuses constructions alsaciennes. Des villages entiers sont ainsi teintés de rose.

Le château du Hohlandsbourg

Perché à 620 mètres d'altitude, ce château qui abritait des soldats est situé près de Colmar et offre une vue à 360 degrés sur la plaine d'Alsace. Par temps clair, il est même possible d'apercevoir la cathédrale de Strasbourg ! Sa construction date de 1279, mais des fouilles archéologiques ont révélé que le site avait été occupé dès l'âge du bronze. Ces vestiges sont conservés au musée d'Unterlinden de Colmar.

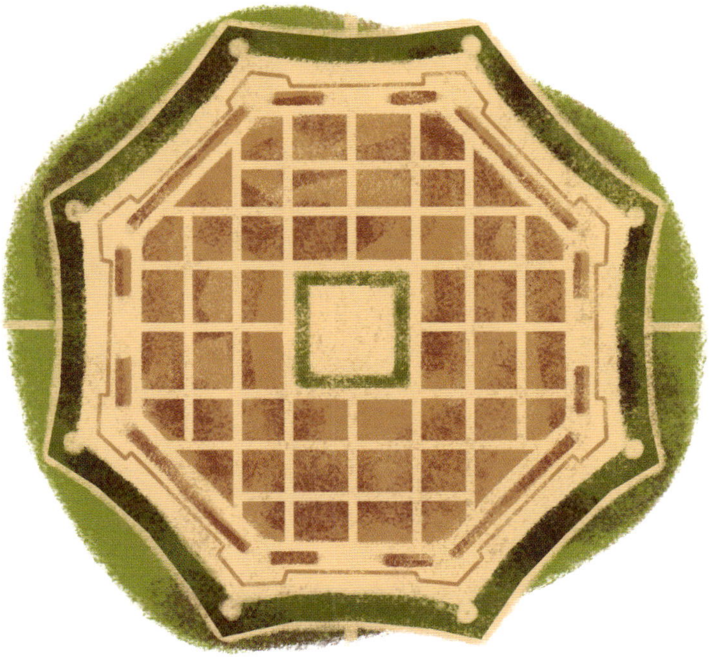

La place forte de Neuf-Brisach

La place forte de Neuf-Brisach fut construite par Vauban à la fin du XVIIe siècle à la demande de Louis XIV afin de renforcer la défense du Rhin. La ville-forteresse est considérée comme le chef-d'œuvre d'architecture militaire du célèbre ingénieur du Roi-Soleil. Depuis 2008, elle est d'ailleurs inscrite sur la liste du patrimoine* mondial de l'Unesco*. Les fortifications bastionnées dessinent une étoile parfaite, à l'intérieur de laquelle s'étend la ville centrée autour d'une vaste place d'armes et découpée en quartiers symétriques. Le fossé aménagé en promenade permet de faire le tour des remparts.

Bien d'autres châteaux

De nombreux châteaux ont été édifiés par les seigneurs du Saint-Empire romain germanique, période phare du Moyen Âge et, du haut de leur monticule rocheux, ils défient toujours le temps. Le château de Ferrette est l'un des plus anciens. Parmi les plus emblématiques, on compte aussi les trois châteaux d'Eguisheim, ceux de Ribeauvillé ou encore le château de l'Ortenbourg et le château de Lichtenberg.

Que faire EN CAS DE PLUIE ?

La Maison des châteaux forts d'Obersteinbach apporte des renseignements sur les nombreux châteaux qui environnent le village mais aussi sur les châteaux de la région : de leurs systèmes de défense à la vie quotidienne à l'intérieur de leurs enceintes. Le musée Vauban de Neuf-Brisach, aménagé dans la porte de Belfort, présente quant à lui une maquette animée et des informations sur l'histoire de la ville-forteresse.

Villages et colombages

Au fond des vallées ou au pied des montagnes, se blottissent de charmants villages. La route qui serpente dans le vignoble* alsacien est jalonnée de cités préservées parmi les plus réputées de la région. Eguisheim, Riquewhir, Hunawhir, Hunspach, Mittelbergheim recèlent ainsi bon nombre de richesses et de curiosités. Bien sûr, de nombreux autres villages valent le détour. Leurs maisons à colombages, typiques de l'architecture alsacienne, ont résisté au temps et aux conflits qui n'ont pas épargné la région.

Eguisheim, berceau du vignoble* alsacien

Au beau milieu des vignes, Eguisheim se développe en cercles autour de son château et de sa fontaine principale. Le village, qui vit naître le pape Léon IX, abrite de magnifiques maisons à colombages, aux façades et aux toits colorés. La cité médiévale a été récompensée pour son exceptionnel fleurissement.

Riquewhir, la perle

Il fait bon vivre à Riquewhir dont le nom signifie « cité heureuse » ! Surnommée la « perle du vignoble* alsacien », la petite cité dévoile aux visiteurs les richesses architecturales qui font sa renommée : places et fontaines fleuries, maisons traditionnelles aux façades colorées et sculptées, cours pavées... Incontournable, la haute tour appelée « Dolder » surplombe le village depuis la fin du XIIIe siècle.

Ribeauvillé, la festive

Au Moyen Âge, la cité appartenait à la famille des Ribeaupierre. Ils firent construire les trois châteaux forts qui dominent encore les collines environnantes. Mais surtout, dans ce joli village a lieu la fête des Ménétriers ou *Pfifferdaj*. Elle perpétue le souvenir des musiciens protégés des seigneurs et dont les statues ornent les rues. C'est la plus ancienne des fêtes d'Alsace.

FOCUS

Une architecture typique

Le colombage est un mode de construction traditionnel très répandu en Alsace, région de bois et de charpentiers au précieux savoir-faire. Les maisons à pan de bois possèdent ainsi une structure en bois apparente. Le remplissage ou « hourdage » est généralement fait de torchis. Les colombages prennent des formes variées, et chaque ville ou village possède ses particularités.

le SAIS-TU ?

Avec leurs hautes toitures et leurs greniers ouverts, les maisons des tanneurs* présentent une architecture particulière, liée aux besoins du métier. Les peaux y étaient en effet suspendues et transformées en cuir, elles étaient ainsi lavées, raclées et tannées dans des bains.

L'écomusée* d'Alsace

À Ungersheim, le plus important musée à ciel ouvert de France reconstitue la vie d'un village rural typique du début du XXe siècle, avec ses maisons anciennes et ses bâtiments, dont certains datent du XVe siècle. Les principaux types d'architecture alsacienne y sont représentés. Les visiteurs découvrent la richesse de cette architecture traditionnelle et la vie quotidienne d'autrefois. On y rencontre les artisans tels que le potier, le charpentier, le tanneur*, le vigneron ou le forgeron. L'idée de l'écomusée* est née de la volonté de démonter et reconstruire à l'identique des maisons anciennes vouées à la démolition.

FOCUS

Savoir-faire

La poterie était autrefois répandue en Alsace. Elle se concentre aujourd'hui dans les villages de Soufflenheim et Betschdorf, situés en bordure de la forêt de Haguenau. La région a également accueilli de nombreux facteurs* d'orgue.

Que faire EN CAS DE PLUIE ?

Riquewhir ne compte pas moins de quatre musées. La tour emblématique du village est ainsi consacrée à la petite cité viticole. Au musée de « l'oncle Hansi » sont exposés les dessins du plus célèbre imagier populaire alsacien, qui évoquent l'Alsace d'antan. De son côté, Ribeauvillé abrite un musée de la Vigne et de la Viticulture. Enfin la Maison du pain d'épices de Gertwiller, où le gâteau est confectionné depuis 1806 selon d'anciennes méthodes artisanales, promet une visite gourmande.

Les Vosges

Situé tout à l'ouest, le massif des Vosges occupe une grande partie du territoire alsacien. La montagne présente différents étages. Les collines baignées de soleil, tout en bas, alternent avec la forêt. Viennent ensuite les landes des crêtes et les formes douces des sommets. Autant de paysages préservés qui sont le royaume des animaux et des plantes.

La forêt vosgienne

La montagne des Vosges est couverte par l'un des massifs forestiers les plus étendus de France, peuplé de hêtres et de sapins, d'où son nom de « hêtraie sapinière ». Elle forme une ceinture verte ininterrompue autour du massif. Les cerfs, sangliers et chevreuils y abondent mais aussi, plus rares et discrets, le lynx et le grand tétras. Ces vastes étendues forestières sont en effet un refuge pour la grande faune et de nombreuses espèces devenues rares. Des chênes occupent les piémonts* sans dépasser 700 mètres d'altitude.

Le SAIS-TU ?

Autrefois, les forestiers vosgiens descendaient le bois coupé en montagne au moyen de schlittes, des traîneaux qu'ils conduisaient sur une voie faite de rondins. Le schlitteur collait son dos à l'avant et retenait ou tirait sa charge !

Les hautes chaumes

Les sommets des Vosges sont le domaine de landes battues par les vents, connues sous le nom de « hautes chaumes ». On distingue celles qui sont naturelles de celles issues du défrichement par l'homme pour le pâturage d'altitude. Ces sommets sont peuplés de chamois. Les myrtilles y poussent aux côtés d'une belle flore de montagne, à l'image de la pensée des Vosges. Enfin, les glaciers y ont jadis creusé des cirques, de grands cratères rocheux, dans lesquels se sont nichés de magnifiques lacs.

FOCUS

La vache vosgienne

La vache vosgienne, à la robe noire et blanche tachetée, est parfaitement adaptée à la vie en montagne. L'été, elle paît dans les prairies d'altitude. Elle donne un lait riche avec lequel on fabrique le fameux fromage de Munster.

Les sommets des Vosges

« Ballon », de l'allemand *belchen*, est le nom sous lequel on désigne les sommets arrondis des Vosges. Le sommet situé le plus au sud, le Ballon d'Alsace, a la particularité d'être à l'intersection des trois régions Alsace, Lorraine et Franche-Comté, qu'il domine du haut de ses 1247 mètres. Mais, avec ses 1424 mètres d'altitude, le Grand Ballon, parfois aussi appelé Ballon de Guebwiller, est le point culminant du massif des Vosges. Quant au Petit Ballon, il offre une vue époustouflante sur l'ensemble des sommets qui jalonnent la route des crêtes.

Les collines et le vignoble*

Les collines qui s'étendent au pied des Vosges sont inondées de soleil une bonne partie de l'année. C'est le domaine de la vigne et des grands vins d'Alsace que l'on découvre au fil de la route des vins. Une grande variété de fleurs, butinées par les abeilles et les papillons, couvre les prairies des collines, dont une multitude d'orchidées sauvages. Quant aux chants mélodieux de l'alouette lulu et du bruant zizi, ils enchantent les lieux…

FOCUS

Deux parcs naturels régionaux

Les Vosges abritent deux magnifiques parcs naturels. Le parc naturel régional des Vosges du Nord, créé en 1975, possède un patrimoine* naturel très riche qui lui vaut le label de « réserve mondiale de la biosphère* » attribué par l'Unesco*. Le parc des Ballons des Vosges a été créé en 1989. Situé sur trois régions, c'est l'un des plus grands parcs naturels régionaux français. Les paysages des hautes chaumes, hêtraies sapinières, lacs, tourbières, forêts de chênes des collines… ainsi que les animaux et les plantes qu'ils recèlent, y sont ainsi préservés.

Le mont Sainte-Odile

Ce lieu de pèlerinage dédié à sainte Odile, patronne de l'Alsace, est célèbre pour son couvent. Témoins de l'histoire chargée de la montagne, bien d'autres monuments, dont le gigantesque mur païen construit aux alentours de 1000 avant J.-C., mais aussi l'environnement naturel, attirent les visiteurs et les randonneurs.

La plaine d'Alsace

L'Alsace compte une grande diversité de paysages et de milieux naturels. La forêt, à elle seule, couvre un peu plus d'un tiers de la région. On la rencontre également dans la plaine d'Alsace. Située entre le massif vosgien et la Forêt-Noire, en territoire allemand, elle est en effet occupée par la forêt de Haguenau au nord et celle de la Hardt au sud.

La forêt de Haguenau

La plus vaste des forêts d'Alsace est aussi l'un des plus grands massifs forestiers de France. Haguenau est, de plus, l'unique représentante des forêts nordiques de France, à la transition entre la forêt tempérée et la forêt boréale. Elle est principalement occupée par le pin sylvestre mais aussi le chêne. Le chat sauvage est l'un des nombreux animaux à vivre dans la forêt.

le SAIS-TU ?

Au-delà de la vaste étendue forestière d'Haguenau, à l'extrême nord de l'Alsace, s'étend un territoire au nom évocateur : « l'Outre-forêt ».

La forêt de la Hardt

La forêt de la Hardt est la seconde forêt d'Alsace par sa taille. Cette forêt possède la plus grande charmaie* d'Europe ainsi que des pelouses steppiques*. On y trouve d'autres essences d'arbres, des fleurs et diverses variétés de champignons. Les animaux qui la peuplent sont nombreux ; certains sont rares, comme la bondrée apivore, la huppe fasciée et le pic mar.

le SAIS-TU ?

Les forêts de Haguenau et de la Hardt font partie d'un réseau écologique nommé Natura 2000. À l'échelle de l'Union européenne, il garantit la protection de zones spéciales.

Aux confins de l'Alsace, le Jura alsacien

Situé à la frontière avec la Suisse, le Jura alsacien forme ses premiers contreforts en Alsace. Le Glaserberg, du haut de ses 812 mètres, en est le point culminant. Au pied du château de Ferrette, un sentier mène à une grotte. La légende raconte qu'elle était autrefois habitée par des nains…

Le Sundgau, pays d'étangs

Au sud de l'Alsace, le Sundgau se caractérise par ses innombrables étangs. La plupart sont situés dans la haute vallée de la Largue. Les premiers étangs ont été creusés au Moyen Âge par des moines qui y élevaient des carpes. Aujourd'hui encore l'activité perdure, et les carpes continuent de faire la renommée de la région. Il existe même une « route de la carpe frite »…

FOCUS

Le grand hamster d'Alsace

Le hamster d'Europe est emblématique de la région. En effet, cette petite boule de poils est présente en France uniquement dans la plaine d'Alsace. Parfois surnommé « la marmotte de Strasbourg » ou « le petit cochon des blés », il passe la plupart de son temps dans son terrier, où il hiberne*. Ce sympathique rongeur est une espèce protégée qui vit dans les zones de culture. Mais, son habitat étant menacé, il a presque disparu en France. On le rencontre surtout en Europe et en Asie. Contrairement à son cousin éloigné, le hamster doré, le grand hamster ne peut être apprivoisé.

le SAIS-TU ?

Sous le nom étonnant d'Alsace Bossue se cache une région vallonnée du nord-ouest de l'Alsace, qui conserve encore de nombreux vergers, des forêts et des rivières poissonneuses.

E Güeter![1]

La tarte flambée ou *Flammeküche*

Cette tarte spécifiquement alsacienne était à l'origine préparée par les boulangers. Ils aplatissaient le reste de pâte à pain de la semaine qu'ils garnissaient de crème, de lardons et d'oignons. Les premières flammes du four mis en route pour sa cuisson lui ont valu son nom.

Ingrédients

250 g de farine – 5 cl d'huile – 1 verre d'eau tiède – 1 pincée de sel
250 g de fromage blanc – 25 cl de crème fraîche – 3 oignons – 150 g de lard fumé – poivre

Préparation

1. Verser la farine dans un saladier, ajouter la pincée de sel, l'huile et l'eau tiède. Pétrir et laisser reposer la pâte.
2. Dans un bol, mélanger le fromage blanc et la crème fraîche. Poivrer.
3. Émincer les oignons finement et tailler des lardons dans le morceau de lard fumé. On peut choisir de faire revenir ces ingrédients à la poêle pour les précuire.
4. Faire préchauffer le four. Pendant ce temps, à l'aide d'un rouleau à pâtisserie, aplatir la pâte le plus finement possible sur un plan de travail fariné.
5. Étaler le mélange fromage blanc-crème fraîche sur la pâte en prenant soin de s'arrêter à 1 cm du bord, puis parsemer d'oignons et de lardons.
6. Mettre la tarte au four (thermostat 6-7, environ 200 °C) et laisser cuire une dizaine de minutes. Quand elle commence à brunir, il faut la sortir !

le SAIS-TU ?

La bière alsacienne fait partie d'une tradition ancienne. Les brasseries appelées *Bierstub* sont ainsi très répandues en Alsace tandis que dans les *Winstub* sont servies les spécialités locales.

[1] Cette formule signifie « bon appétit ! » en alsacien. Mais pour répondre à son tour « bon appétit », il faut dire « E Bessere ! »

Les *Mannele* ou « Petits bonshommes »

Petit pain au lait en forme de bonhomme, le *Mannele* est préparé par les boulangers alsaciens pour la Saint-Nicolas. Ces délicieuses brioches se dégustent accompagnées d'un bon chocolat chaud. La patience est alors bien récompensée, car la recette nécessite d'attendre un peu que la pâte repose.

Ingrédients

600 g de farine – 50 g de sucre – 60 g de beurre – 1 sachet de levure de boulanger sèche
1 œuf – 1 jaune d'œuf – 300 ml de lait tiède

Préparation

1. Délayer la levure dans le lait tiède.
2. Dans un saladier, verser la farine, le sel, le sucre, l'œuf entier et le beurre ramolli. Pétrir.
3. Ajouter petit à petit la levure mélangée au lait, tout en continuant de pétrir jusqu'à obtenir une pâte souple.
4. Couvrir le saladier d'un torchon et laisser lever la pâte environ 1 h 30 jusqu'à ce qu'elle ait doublé de volume.
5. Étaler la pâte sur un plan de travail fariné. Puis, avec un emporte-pièce ou en utilisant un couteau à bout rond, former plusieurs bonshommes comme sur le dessin ci-dessus. Les disposer sur une plaque recouverte de papier sulfurisé et laisser lever encore 1 h (ils doublent une nouvelle fois de volume).
6. À l'aide d'un pinceau de cuisine, dorer les petits bonshommes avec le jaune d'œuf. Enfin, figurer les yeux et les boutons avec des raisins ou des pépites de chocolat. Placer au four (thermostat 6-7, environ 200 °C) pendant une quinzaine de minutes.
7. Laisser refroidir et déguster !

FOCUS

Les spécialités alsaciennes

La choucroute est le plat d'hiver par excellence, dans lequel le chou fermenté et parfumé d'épices est accompagné de charcuteries. Elle serait apparue sur les tables alsaciennes au Moyen Âge.
Le baeckeoffe, à base de viande mijotant avec pommes de terre, carottes et oignon, est placé au four dans un plat en terre typique.
Un moule spécifique sert également à cuire le kouglof, une brioche sucrée ou salée.
Le bretzel est un petit en-cas d'origine alsacienne.
Plus curieux, des pâtes, importées d'Italie au XVIe siècle, font désormais partie de la gastronomie régionale. Les spätzles, tirent leur nom d'un mot allemand signifiant « moineaux » car une fois cuites, elles ressemblent à leur nid.

Ô Tannenbaum - Mon beau sapin

Noël en Alsace est un grand moment. Les places et les célèbres marchés s'emplissent de chants traditionnels. *Mon beau sapin* est un chant de Noël d'origine allemande, traduit dans plusieurs langues. Le texte et la mélodie (à la gloire des charpentiers) datent du XVIe siècle.
Mais la version qui nous est parvenue a été composée en 1824 à Leipzig par l'instituteur Ernst Anschütz, qui en fait un véritable chant de Noël. L'origine du sapin est quant à elle bien alsacienne. L'arbre de Noël apparaît dans la région au cours du XVIe siècle avant de se diffuser en Europe et aux États-Unis, au XIXe siècle.

Mon beau sapin, roi des forêts
Que j'aime ta verdure !
Quand par l'hiver, bois et guérets
Sont dépouillés de leurs attraits
Mon beau sapin, roi des forêts
Tu gardes ta parure.

Toi que Noël
Planta chez nous
Au saint-anniversaire
Joli sapin, comme ils sont doux
Et tes bonbons et tes joujoux
Toi que Noël
Planta chez nous
Tout brillant de lumière.

Mon beau sapin, tes verts sommets
Et leur fidèle ombrage
De la foi ne ment jamais
De la constance et de la paix
Mon beau sapin, tes verts sommets
M'offrent la douce image.

Hier faisant sa promenade
Dessus les gaillards d'avant
Aperçut une brunette
Qui pleurait dans les haubans.

Paroles en allemand du premier couplet

Ô Tannenbaum, Ô Tannenbaum,
Wie treu sind deine Blätter!
Du grünst nicht nur
zur Sommerzeit,
Nein auch im Winter, wenn es schneit.
Ô Tannenbaum, Ô Tannenbaum,
Wie treu sind deine Blätter!

Lexique

Biosphère : ensemble des êtres vivants qui se développent sur la Terre.

Charmaie : forêt composée principalement de charmes, des arbres à bois blanc d'une hauteur de 15 à 20 mètres.

Déporté : envoyé dans un camp de concentration (spécialement, un camp nazi).

Dialecte : forme de langue régionale.

Écomusée : musée spécialisé dans la valorisation du patrimoine naturel et culturel d'un territoire et d'une population.

Effet de foehn : phénomène météorologique caractérisé par une interruption des précipitations au passage d'un relief. Tandis que le versant d'une montagne fait face au flux de fortes précipitations, la masse d'air s'assèche en passant au-dessus du relief, et il fait chaud et sec sur l'autre versant.

Facteurs d'orgue : artisan spécialisé dans la fabrication et l'entretien des orgues, ainsi que des pièces qui les composent.

Forêt alluviale : forêt inondable, qui se développe sur une zone alluviale, c'est-à-dire sur les dépôts (vase, sable, argile, galets…) laissés par un cours d'eau.

Gothique : style architectural des derniers siècles du Moyen Âge (XIIe-XVe siècle) caractérisé par la voûte sur croisée d'ogive (voûte formée de deux arcs qui se croisent en diagonale) et par l'arc brisé (formé de deux portions de cercles qui se rejoignent au sommet en un angle plus ou moins aigu). Les édifices gothiques, hauts et fins, présentent souvent des flèches pointues, des ouvertures et de nombreux vitraux.

Hiberner : passer l'hiver dans un état d'engourdissement, sorte de sommeil prolongé.

Humaniste : mouvement intellectuel de la Renaissance mettant en valeur l'homme et son développement par la culture.

Indienne : toile de coton peinte ou imprimée qui se fabriquait à l'origine en Inde.

Limons : terre ou fines particules entraînées et déposées au fond et sur les rives d'un cours d'eau.

Luxuriante : qui pousse en abondance et déborde de richesses.

Mégalopole : vaste région urbaine, de plusieurs centaines de kilomètres, reliant de très grandes villes et leurs banlieues.

Monument historique : bâtiment ou édifice recevant un statut juridique particulier destiné à le protéger, du fait de son intérêt historique, artistique, architectural mais aussi technique ou scientifique.

Nappe phréatique : masse d'eau souterraine.

Nationalisme : mouvement politique fondé sur un attachement passionné à sa nation et à ses valeurs; revendication pour une communauté de former une nation, et d'affirmer à l'extérieur sa puissance nationale.

Nid d'aigle : site à l'accès difficile, construit en montagne, en un lieu escarpé.

Patrimoine : dans ce cas précis, ce qui est considéré comme l'héritage commun d'un pays, c'est-à-dire les richesses, ou les biens, dont une population hérite à travers les âges. On peut parler de patrimoine historique, culturel…

Pelouse steppique : pelouse sèche, sans arbres, à la végétation pauvre.

Piémont : vaste plaine située au pied d'un ensemble montagneux.

Renaissance : époque d'essor intellectuel, associée à la redécouverte de la littérature, des sciences, de l'art et de la philosophie de l'Antiquité classique. Initiée en Italie au XVe siècle, elle s'est développée dans toute l'Europe au cours du XVIe siècle.

Réserve naturelle : espace naturel protégé. Les espèces menacées de disparition et la biodiversité dans son ensemble y sont préservées.

Résistance : mouvements d'action et réseaux clandestins qui ont lutté contre l'occupation allemande au cours de la Seconde Guerre mondiale.

Retable : panneau orné et décoré en marbre, bois ou pierre, placé à l'arrière de l'autel dans une église.

Roselière : lieu où poussent les roseaux en abondance (étangs, marais…).

Sédiment : dépôt minéral ou organique laissé par l'eau, le vent…

Tanneur : artisan qui travaille les peaux pour en faire du cuir.

Temple : édifice religieux. Ici, lieu de célébration de la religion protestante.

Unesco : institution spécialisée de l'Organisation des Nations unies créée en 1945 dont la mission est de veiller au maintien de la paix dans le monde à travers le développement de l'éducation, de la science et de la culture. Elle est à l'origine de la notion de « patrimoine mondial », qui protège les sites exceptionnels.

Vignoble : territoire planté de vignes. Par extension, désigne l'ensemble des vignes d'une région voire d'un pays.

Adresses

BAS-RHIN (67)

Château de Fleckenstein
67510 Lembach
03 88 94 28 52
www.fleckenstein.fr

Château du Haut-Kœnigsbourg
67600 Orschwiller
03 69 33 25 00
www.haut-koenigsbourg.fr

Maison de la Nature du Ried
et de l'Alsace centrale
35, rue Ehnwihr, 67600 Muttersholtz
03 88 85 11 30
www.maisonnaturemutt.org

Maison des Châteaux Forts
42, rue Principale
67510 Obersteinbach
03 88 09 56 82

Maison du Pain d'épices
110, rue Principale, 67140 Gertwiller
03 88 08 93 52
www.paindepices-lips.com

Mémorial d'Alsace-Lorraine
Lieu-dit du Chauffour, Allée du
souvenir français, 67130 Schirmeck
03 88 47 45 50
www.memorial-alsace-moselle.com

Musée Alsacien
23-25, quai Saint-Nicolas,
67000 Strasbourg
03 88 52 50 01

Musée Tomi Ungerer
2, avenue de la Marseillaise,
67000 Strasbourg
03 69 06 37 27

Théâtre Jeune Public
7, rue des Balayeurs,
67000 Strasbourg
03 88 35 70 10
www.tjp-strasbourg.com

HAUT-RHIN (68)

Château du Hohlandsbourg
Route des Cinq Châteaux,
68920 Wintzenheim
03 89 30 10 20
www.chateau-hohlandsbourg.com

Cité de l'Automobile
15, rue de l'épée, 68100 Mulhouse
03 89 33 23 23
www.citedelautomobile.com

Cité du Train
2, rue Alfred de Glehn,
68200 Mulhouse
03 89 42 83 33
www.citedutrain.com

Ecomusée d'Alsace
Chemin du Grosswald,
68190 Ungersheim
03 89 74 44 74
www.ecomusee-alsace.fr

Maison de l'oncle Hansi
16, rue du Général de Gaulle,
68340 Riquewihr
03 89 47 97 00
www.hansi.fr

Musée du Jouet
40, rue Vauban, 68000 Colmar
03 89 41 93 10
www.museejouet.com

Musée Unterlinden
1, rue des Unterlinden,
68000 Colmar
03 89 20 15 50
www.musee-unterlinden.com

Parc du petit Prince
68190 Ungersheim
03 89 62 43 00
www.parcdupetitprince.com

Parc naturel régional
des Ballons des Vosges
1, cour de l'Abbaye, 68140 Munster
03 89 77 90 34
www.parc-ballons-vosges.fr

Parc naturel régional
des Vosges du Nord
Maison du Parc, Château - B.P. 24
F-67290 LA PETITE PIERRE
03 88 01 49 59
www.parc-vosges-nord.fr

Index